Impressum
Verlag: BABADADA GmbH, Nedderfeld 112 , 22529 Hamburg
Geschäftsführer / Verlagsleitung: Harald Hof
Druck: Books on Demand GmbH, In de Tarpen 42, 22848 Norderstedt

Imprint
Publisher: BABADADA GmbH, Nedderfeld 112 , 22529 Hamburg, Germany
Managing Director / Publishing direction: Harald Hof
Print: Books on Demand GmbH, In de Tarpen 42, 22848 Norderstedt, Germany

diviser
ділити

186/2

la salle de classe
класна кімната

le tableau noir
дошка

la cour de récréation
шкільний двір

l'enseignant
вчитель

le papier
папір

écrire
писати

le stylo
ручка

le bureau
письмовий стіл

la règle
лінійка

le livre
книга

l'élève
учень

le sac d'école
....
ранець

la trousse
....
пенал

le crayon
....
олівець

le taille-crayon
....
точило

la gomme
....
гумка

le carnet à dessin
....
альбом для малювання

le dessin

малюнок

le pinceau

пензель

la boîte de peinture

коробка фарб

les ciseaux

ножиці

la colle

клей

le cahier d'exercices

зошит

les tâches

домашнє завдання

le chiffre

число

additionner

додавати

soustraire

віднімати

multiplier

множити

calculer

рахувати

la lettre

літера

l'alphabet

абетка

le mot

слово

le texte

текст

lire

читати

la craie

крейда

la leçon

година

le livre de classe

класний журнал

l'examen

екзамен

le certificat

диплом

l'uniforme scolaire

шкільна форма

la formation

освіта

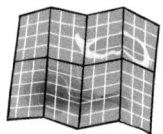

le lexique

лексикон

l'université

університет

le microscope

мікроскоп

la carte

карта

la corbeille à papier

кошик для паперу

l'hôtel
готель

l'auberge
турбаза

le bureau de change
обмінний пункт

la valise
валіза

la voiture
автомобіль

la langue

мова

oui / non

так / ні

d'accord

добре

Salut

привіт

l'interprète

перекладач

merci

дякую

Combien coûte...?

Скільки коштує ...?

Je ne comprends pas

Я не розумію

le problème

проблема

Bonsoir!

Добрий вечір!

Bonjour!

Доброго ранку!

Bonne nuit!

На добраніч!

Au revoir

До побачення

la direction

напрямок

les bagages

багаж

le sac

сумка

le sac-à-dos

рюкзак

l'hôte

гість

la pièce

кімната

le sac de couchage

спальний мішок

la tente

намет

l'office de tourisme

туристична інформація

la plage

пляж

la carte de crédit

кредитна картка

le petit-déjeuner

сніданок

le déjeuner

обід

le dîner

вечеря

le billet

квиток

l'ascenseur

ліфт

le timbre

поштова марка

la frontière

межа

la douane

митниця

l'ambassade

посольство

le visa

віза

le passeport

паспорт

l'avion
літак

le navire
корабель

le véhicule de pompiers
пожежна машина

le camion
вантажний автомобіль

le bus
автобус

bateau à moteur
оторний човен

la bicyclette
велосипед

la voiture
автомобіль

le ferry

пор_____

пором

la barque

_____

човен

la moto

_____

мотоцикл

la voiture de police

_____

поліцейська машина

la voiture de course

_____

гоночний автомобіль

la voiture de location

_____

автомобіль на прокат

l'autopartage

спільне користування авто

la dépanneuse

евакуатор

la benne à ordures

сміттєвоз

le moteur

двигун

l'essence

паливо

la station d'essence

автозаправна станція

le panneau indicateur

дорожній знак

le trafic

рух

l'embouteillage

затор

le parking

стоянка

la gare

вокзал

les rails

рейки

le train

потяг

le tram

трамвай

le wagon

вагон

l'hélicoptère

гелікоптер

l'aéroport

аеропорт

la tour

вежа

le passager

пасажир

le container

контейнер

le carton

коробка

le chariot

візок

la corbeille

кошик

décoller / atterrir

стартувати / приземлятися

la ville

місто

le village

село

le centre-ville

центр міста

la maison

дім

le cinéma
кіно

la publicité
реклама

le réverbère
вуличний ліхтар

CINEMA

la rue
вулиця

le taxi
таксі

le piéton
пішохід

le kiosque
кіоск

le trottoir
тротуар

le passage piéton
пішохідний перехід

la poubelle
сміттєве відро

le carrefour
перехрестя

les feux de circulation
світлофор

la cabane

хатина

l'appartement

квартира

la gare

вокзал

la mairie

ратуша

le musée

музей

l'école

школа

l'université

університет

la banque

банк

l'hôpital

лікарня

l'hôtel

готель

la pharmacie

аптека

le bureau

офіс

la librairie

книжковий магазин

le magasin

магазин

le fleuriste

квітковий магазин

le supermarché

супермаркет

le marché

ринок

le grand magasin

універмаг

la poissonnerie

торговець рибою

le centre commercial

торговельний центр

le port

гавань

le parc

парк

la banque

лава

le pont

міст

les escaliers

сходи

le métro

метро

le tunnel

тунель

l'arrêt de bus

автобусна зупинка

le bar

бар

le restaurant

ресторан

la boîte à lettres

поштова скринька

le panneau indicateur

вулична табличка

le parcomètre

лічильник паркування

le zoo

зоопарк

le réverbère

басейн

la mosquée

мечеть

la ferme

ферма

la pollution

забруднення навколишнього середовища

le cimetière

кладовище

l'église

церква

l'aire de jeux

дитячий майданчик

le temple

храм

le paysage
ландшафт

la feuille
листок

le panneau indicateur
вказівний стовп

le chemin
шлях

le pré
луг

la pierre
камінь

l'arbre
дерево

le randonneur
мандрівник

la rivière
річка

l'herbe
трава

la fleur
квітка

la vallée
долина

la montagne
гора

le lac
озеро

la forêt
ліс

le désert
пустеля

le volcan
вулкан

le château
замок

l'arc-en-ciel
веселка

le champignon
гриб

le palmier
пальма

le moustique
комар

la mouche
муха

les fourmis
мурашка

l'abeille
бджола

l'araignée
павук

le scarabée

жук

la grenouille

жаба

l'écureuil

вивірка

le hérisson

їжак

le lapin

заєць

la chouette

сова

l'oiseau

птах

le cygne

лебідь

le sanglier

кабан

le cerf

олень

l'élan

лось

le barrage

гребля

l'éolienne

вітряк

le panneau solaire

сонячний модуль

le climat

клімат

le paysage - ландшафт

le serveur
офіціант

le menu
меню

la chaise
стілець

la soupe
суп

la pizza
піца

les services
столові прилади

la nappe
скатертина

les hors d'œuvre

закуска

le plat principal

друга страва

le dessert

десерт

les boissons

напої

l'alimentation

їжа

la bouteille

пляшка

le fast-food

фаст-фуд

les plats à emporter

вулична їжа

la théière

чайник

le sucrier

цукорниця

la portion

порція

la machine à expresso

еспресо-машина

la chaise haute

високий стільчик

la facture

рахунок

le plateau

піднос

le couteau

ніж

la fourchette

вилка

la cuillère

ложка

la cuillère à thé

чайна ложка

la serviette

серветка

le verre

склянка

l'assiette

тарілка

l'assiette à soupe

тарілка для супу

la soucoupe

блюдце

la sauce

соус

la salière

солонка

le moulin à poivre

млин для перцю

le vinaigre

оцет

l'huile

масло

les épices

спеції

le ketchup

кетчуп

la moutarde

гірчиця

la mayonnaise

майонез

l'offre promotionnelle
пропозиція

le client
клієнт

les produits laitiers
молочні продукти

les fruits
фрукти

le caddie
візок для покупок

FOR

la boucherie
м'ясний магазин

la boulangerie
пекарня

peser
зважувати

les légumes
овочі

la viande
м'ясо

les aliments surgelés
заморожені продукти

la charcuterie

ковбасна нарізка

les conserves

консерви

la poudre à lessive

пральний порошок

les bonbons

солодощи

les articles ménagers

предмети домашнього побуту

les détergents

мийний засіб

la vendeuse

продавщиця

la caisse

каса

le caissier

касир

la liste d'achats

список покупок

les heures d'ouverture

часи роботи

le portefeuille

гаманець

la carte de crédit

кредитна картка

le sac

сумка

le sac en plastique

поліетиленовий пакет

l'eau

вода

le jus de fruit

сік

le lait

молоко

le coca

кола

le vin

вино

la bière

пиво

l'alcool

алкоголь

le chocolat chaud

какао

le thé

чай

le café

кава

l'expresso

еспресо

le cappuccino

капучіно

la banane

банан

la pomme

яблуко

l'orange

апельсин

le melon

кавун

le citron

лимон

la carotte

морква

l'ail

часник

le bambou

бамбук

l'oignon

цибуля

le champignon

гриб

les noisettes

горішки

les pâtes

локшина

les spaghettis

спагеті

le riz

рис

la salade

салат

les frites

картопля фрі

les pommes de terre rôties

смажена картопля

la pizza

піца

le hamburger

гамбургер

le sandwich

бутерброд

l'escalope

шніцель

le jambon

шинка

le salami

салямі

la saucisse

ковбаса

le poulet

курка

le rôti

печеня

le poisson

риба

les flocons d'avoine

вівсяні пластівці

le muesli

мюслі

les cornflakes

кукурудзяні пластівці

la farine

борошно

le croissant

круасан

les petits-pains

булочка

le pain

хліб

le pain grillé

тостовий хліб

les biscuits

печиво

le beurre

масло

le fromage blanc

сир

le gâteau

пиріг

l'œuf

яйце

l'œuf au plat

яєчня

le fromage

сир

la glace

морозиво

le sucre

цукор

le miel

мед

la confiture

мармелад

la crème nougat

нуга-крем

le curry

карі

la ferme
сільський будинок

la grange
комора

la botte de paille
солом'яні тюки

le champ
поле

le cheval
кінь

la remorque
причіп

le poulain
лоша

le tracteur
трактор

l'âne
віслюк

l'agneau
ягня

le mouton
вівця

la chèvre

коза

la vache

корова

le veau

теля

le porc

свиня

le porcelet

порося

le taureau

бик

l'oie

гусак

le canard

качка

le poussin

курча

la poule

курка

le coq

півень

le rat

щур

le chat

кіт

la souris

миша

le bœuf

віл

le chien

собака

le chenil

собача будка

le tuyau de jardin

садовий шланг

l'arrosoir

лійка

la faucheuse

коса

la charrue

плуг

la faucille
серп

la pioche
мотика

la fourche
вила

la hache
сокира

la brouette
тачка

la cuve
корито

le pot à lait
бідон молока

le sac
мішок

la clôture
паркан

l'étable
хлів

la serre
теплиця

le sol
ґрунт

les semences
насіння

l'engrais
добриво

la moissonneuse-batteuse
комбайн

récolter

пожинати

la récolte

урожай

l'igname

корінь ямсу

le blé

пшениця

le soja

соя

la pomme de terre

картопля

le maïs

кукурудза

le colza

ріпак

l'arbre fruitier

плодове дерево

le manioc

маніок

les céréales

злаки

la cheminée
димохід

le toit
дах

la gouttière
водостічний лоток

la fenêtre
вікно

le garage
гараж

la sonnette
дзвінок

la porte
двері

la poubelle
відро для сміття

la boîte aux lettres
поштова скринька

le jardin
сад

le salon

вітальня

la chambre de bain

ванна кімната

la cuisine

кухня

la chambre à coucher

спальня

la chambre d'enfant

дитяча кімната

la salle à manger

їдальня

le sol

підлога

le mur

стіна

le plafond

стеля

la cave

підвал

le sauna

сауна

le balcon

балкон

la terrasse

тераса

la piscine

басейн

la tondeuse à gazon

косарка

la fourre de duvet

простирало

la couette

ковдра

le lit

ліжко

le balai

мітла

le sceau

відро

l'interrupteur

перемикач

le papier peint
шпалери

l'image
малюнок

la lampe
лампа

l'étagère
поличка

l'armoire
шафа

la cheminée
камін

la télé
телевізор

la fleur
квітка

le coussin
подушка

le vase
ваза

le canapé
диван

la télécommande
пульт

le tapis
килим

le rideau
завіса

la table
стіл

la chaise
стілець

la chaise à bascule
крісло-гойдалка

le fauteuil
крісло

le livre

книга

la couverture

ковдра

la décoration

прикраса

le bois de chauffage

дрова

le film

фільм

la chaîne hi-fi

стереосистема

la clé

ключ

le journal

газета

la peinture

картина

le poster

плакат

la radio

радіо

le bloc-notes

блокнот

l'aspirateur

пилосос

le cactus

кактус

la bougie

свічка

le frigo
холодильник

le four à micro-ondes
мікрохвильова піч

la balance de cuisine
кухонні ваги

le détergent
мийний засіб

le toasteur
тостер

le four
піч

le compartiment congélateur
морозильне відділення

la poubelle
відро для сміття

le lave-vaisselle
посудомийна машина

le four
плита

la casserole
горщик

la marmite
чавунний горщик

le wok/kadai
вок / кадай

la poêle
сковорода

la bouilloire électrique
чайник

le cuiseur vapeur

пароварка

la plaque de cuisson

лист

la vaisselle

посуд

le gobelet

кухоль

le bol

чаша

les baguettes

палички для їжі

la louche

черпак

la spatule

лопатка

le fouet

вінчик для збивання

la passoire

сито

le tamis

сито

la râpe

терка

le mortier

ступка

le barbecue

барбекю

la cheminée

багаття

la planche à découper

дошка

le rouleau à pâtisserie

качалка

le tire-bouchon

штопор

la boîte

конзерва

l'ouvre-boîte

відкривачка

les maniques

прихватки

le lavabo

раковина

la brosse

щітка

l'éponge

губка

le mixeur

міксер

le congélateur

морозильна камера

le biberon

дитяча пляшка

le robinet

кран

la chambre de bain

ванна кімната

le chauffage
опалення

la douche
душ

la serviette
рушник

le rideau de douche
душова завіса

le bain moussant
піниста ванна

la baignoire
ванна

le verre
склянка

la machine à laver
пральна машина

le robinet
кран

le carrelage
плитка

le pot
горшок

le lavabo
раковина

les toilettes

туалет

la toilette à la turque

підлоговий туалет

le bidet

біде

l'urinoir

пісуар

le papier toilette

туалетний папір

la brosse à toilette

щітка для туалету

la brosse à dents

зубна щітка

le dentifrice

зубна паста

le fil dentaire

нитка для чищення зубів

laver

мити

la douche manuelle

ручний душ

la douche intime

інтимний душ

la vasque

таз

la brosse dorsale

щітка для спини

le savon

мило

le gel douche

гель для душу

le shampooing

шампунь

le gant de toilette

мочалка

l'écoulement

водостік

la crème

крем

le déodorant

дезодорант

le miroir

дзеркало

le miroir cosmétique

косметичне дзеркало

le rasoir

бритва

la mousse à raser

піна для гоління

l'après-rasage

лосьйон після гоління

la peigne

гребінь

la brosse

щітка

le sèche-cheveux

фен

la laque pour cheveux

лак для волосся

le fond de teint

косметика

le rouge à lèvres

губна помада

le vernis à ongles

лак для нігтів

l'ouate

вата

le coupe-ongles

ножиці для нігтів

le parfum

парфум

la trousse de toilette

косметичка

le tabouret

табурет

la balance

ваги

le peignoir

халат

les gants de nettoyage

гумові рукавички

le tampon

тампон

es serviettes hygiéniques

гігієнічні прокладки

la toilette chimique

біотуалет

le réveil
будильник

le doudou
м'яка іграшка

la voiture jouet
іграшковий автомобіль

le hochet
брязкальце

la maison de poupée
ляльковий будиночок

le cadeau
подарунок

le ballon

повітряна кулька

le lit

ліжко

la poussette

дитячий візок

le jeu de cartes

картярська гра

le puzzle

пазл

la bande dessinée

комікс

les pièces lego

лего цеглинки

les blocs de construction

блоки

la figurine

іграшкова фігурка

la grenouillère

повзунки

le frisbee

фризбі

le mobile

мобіле

le jeu de société

настільна гра

le dé

кубик

le train miniature

модель залізнична станція

la sucette

соска

la fête

вечірка

le livre d'images

книжка з картинками

la balle

м'яч

la poupée

лялька

jouer

грати

le bac à sable

пісочниця

la balançoire

гойдалка

les jouets

іграшка

la console de jeu

гральна консоль

le tricycle

триколісний велосипед

l'ours en peluche

плюшевий мішка

l'armoire

шафа

les vêtements

одяг

les chaussettes

шкарпетки

les bas

панчохи

le collant

колготки

l'écharpe
шарф

le parapluie
парасоля

le t-shirt
футболка

la ceinture
ремінь

les bottes
чоботи

les pantoufles
домашнє взуття

les baskets
кросівки

les sandales
сандалі

les chaussures
взуття

les bottes de caoutchouc
гумові чоботи

le linge de corps
труси

le soutien-gorge
бюстгальтер

le maillot de corps
нижня сорочка

les vêtements - одяг

le body
боді

le pantalon
штани

le jean
джинси

la jupe
спідниця

le chemisier
блузка

la chemise
сорочка

le pull
пуловер

le pull-over à capuche
светр

la veste
піджак

la veste
куртка

le manteau
пальто

l'imperméable
дощовик

le costume
костюм

la robe
сукня

la robe de mariée
весільна сукня

le costume

костюм

la chemise de nuit

нічна сорочка

le pyjama

піжама

le sari

сарі

le foulard

головна хустка

le turban

чалма

la burqa

бурка

le caftan

кафтан

l'abaya

абая

le maillot de bain

купальник

le costume de bain

плавки

les cuissettes

шорти

a tenue d'entraînement

ренувальний костюм

le tablier

фартух

les gants

рукавички

le bouton

гудзик

les lunettes

окуляри

le bracelet

браслет

le collier

ланцюг

la bague

кільце

la boucle d'oreille

сережка

le bonnet

шапка

le cintre

плічка

le chapeau

капелюх

la cravate

краватка

la fermeture éclair

застібка-блискавка

le casque

шолом

les bretelles

підтяжки

l'uniforme scolaire

шкільна форма

l'uniforme

уніформа

le bavoir

нагрудник

la sucette

соска

la couche

підгузок

le serveur
сервер

l'armoire d'archivage
шаф для документів

l'imprimante
принтер

l'écran
монітор

le papier
папір

la souris
миша

le bureau
письмовий стіл

le classeur
папка

le clavier
синтезатор

la corbeille à papier
кошик для паперу

l'ordinateur
комп'ютер

la chaise
стілець

la tasse à café

кавовий кухоль

la calculatrice

калькулятор

l'internet

інтернет

l'ordinateur portable

ноутбук

la lettre

лист

le message

повідомлення

le portable

мобільний телефон

le réseau

мережа

la photocopieuse

копіювальний пристрій

le logiciel

програмне забезпечення

le téléphone

телефон

la prise

розетка

le fax

факс

le formulaire

бланк

le document

документ

acheter

купувати

payer

платити

marchander

торгувати

la monnaie

гроші

le dollar

долар

l'euro

євро

le yen

ієна

le rouble

рубль

le franc suisse

франк

le renminbi yuan

юанів женьміньбі

la roupie

рупія

le distributeur automatique

банкомат

le bureau de change

обмінний пункт

l'or

золото

l'argent

срібло

le pétrole

нафта

l'énergie

енергія

le prix

ціна

le contrat

контракт

la taxe

податок

l'action

акція

travailler

працювати

l'employé

працівник

l'employeur

роботодавець

l'usine

фабрика

le magasin

магазин

l'agent de police
поліцейський

le pompier
пожежник

le cuisinier
повар

le médecin
лікар

le pilote
пілот

le jardinier

садівник

le menuisier

столяр

la couturière

швачка

le juge

суддя

le chimiste

хімік

l'acteur

актор

le conducteur de bus

водій автобуса

le chauffeur de taxi

таксист

le pêcheur

рибалка

la femme de ménage

прибиральниця

le couvreur

покрівельник

le serveur

офіціант

le chasseur

мисливець

le peintre

художник

le boulanger

пекар

l'électricien

електрик

l'ouvrier

будівельник

l'ingénieur

інженер

le boucher

забійник

le plombier

бляхар

le facteur

листоноша

le soldat

солдат

l'architecte

архітектор

le caissier

касир

le fleuriste

флорист

le coiffeur

перукар

le contrôleur

кондуктор

le mécanicien

механік

le capitaine

капітан

le dentiste

дантист

le scientifique

вчений

le rabbin

рабин

l'imam

імам

le moine

монах

le prêtre

пастор

les professions - професії

le marteau
молоток

les pinces
щипці

le tournevis
викрутка

la torche
кишеньковий ґ

la clé
гайковий ключ

la pelleteuse
....
екскаватор

la boîte à outils
....
ящик для інструментів

l'échelle
....
драбина

la scie
....
пилка

les clous
....
цвяхи

la perceuse
....
свердло

réparer

ремонтувати

la pelle

лопата

Mince!

лайно!

la pelle

совок

le pot de peinture

відро з фарбою

les vis

гвинти

les instruments de musique
музичні інструменти

le haut-parleur
динамік

la batterie
ударна установка

la guitare
гітара

la contrebasse
контрабас

la trompette
труба

le piano

фортепіано

le violon

скрипка

la basse

бас

les timbales

литаври

le tambour

барабан

le piano électrique

клавіатура

le saxophone

саксофон

la flûte

флейта

le microphone

мікрофон

l'entrée
вхід

le tigre
тигр

la cage
клітка

le zèbre
зебра

l'alimentation animale
корм

le panda
панда

les animaux

тварини

l'éléphant

слон

le kangourou

кенгуру

le rhinocéros

носоріг

le gorille

горила

l'ours

ведмідь

le chameau

верблюд

l'autruche

страус

le lion

лев

le singe

мавпа

le flamand rose

фламінго

le perroquet

папуга

l'ours polaire

білий ведмідь

le pingouin

пінгвін

le requin

акула

le paon

павич

le serpent

змія

le crocodile

крокодил

le gardien de zoo

працівник зоопарку

le phoque

тюлень

le jaguar

ягуар

le zoo - зоопарк

le poney

поні

le léopard

леопард

l'hippopotame

гіпопотам

la girafe

жираф

l'aigle

орел

le sanglier

кабан

le poisson

риба

la tortue

черепаха

le morse

морж

le renard

лисиця

la gazelle

газель

les sports
спорт

l'american Football
американський футбол

le cyclisme
їзда на велосипеді

le tennis
теніс

le basket-ball
баскетбол

la natation
плавання

la boxe
бокс

le hockey sur glace
хокей

le football
футбол

le badminton
бадмінтон

l'athlétisme
легка атлетика

le handball
гандбол

le ski
лижні перегони

le polo
поло

sauter
стрибати

rire
сміятися

embrasser
обіймати

marcher
йти

chanter
співати

prier
молитися

faire la bise
цілувати

rêver
мріяти

écrire

писати

dessiner

малювати

montrer

показувати

pousser

тиснути

donner

давати

prendre

брати

avoir

мати

faire

робити

être

бути

être debout

стояти

courir

бігати

trier

тягнути

jeter

кидати

tomber

падати

être couché

лежати

attendre

очікувати

porter

носити

être assis

сидіти

s'habiller

одягати

dormir

спати

se réveiller

просипатися

regarder

дивитися

pleurer

плакати

caresser

гладити

peigner

розчісувати

parler

розмовляти

comprendre

розуміти

demander

питати

écouter

слухати

boire

пити

manger

їсти

ranger

прибирати

aimer

любити

cuire

варити

conduire

їхати

voler

літати

faire de la voile

йти під вітрилом

calculer

рахувати

lire

читати

apprendre

вчитися

travailler

працювати

se marier

одружуватися

coudre

шити

se brosser les dents

чистити зуби

tuer

убивати

fumer

курити

envoyer

посилати

grand-mère
буся

le grand-père
дідусь

le père
батько

la mère
мати

le bébé
немовля

la fille
донька

le fils
син

l'hôte

гість

la tante

тітка

l'oncle

дядько

le frère

брат

la sœur

сестра

le corps

тіло

le front
чоло

l'œil
око

l'épaule
плече

le doigt
палець

le visage
обличчя

le menton
підборіддя

la main
кисть

la poitrine
груди

la jambe
нога

le bras
рука

le bébé

немовля

l'homme

чоловік

la femme

жінка

la fille

дівчина

le garçon

хлопчик

la tête

голова

le dos

спина

le ventre

живіт

le nombril

пуп

l'orteil

палець ноги

le talon

п'ята

l'os

кістка

la hanche

стегно

le genou

коліно

le coude

лікоть

le nez

ніс

les fesses

сідниці

la peau

шкіра

la joue

щока

l'oreille

вухо

la lèvre

губа

la bouche

рот

la dent

зуб

la langue

язик

le cerveau

мозок

le cœur

серце

le muscle

м'яз

les poumons

легені

le foie

печінка

l'estomac

шлунок

les reins

нирки

le rapport sexuel

статевий акт

le préservatif

презерватив

l'ovule

яйцеклітина

le sperme

сперма

la grossesse

вагітність

le corps - тіло

la menstruation

менструація

le vagin

вагіна

le pénis

пеніс

le sourcil

брова

les cheveux

волосся

le cou

шия

l'hôpital
лікарня

l'ambulance
машина швидкої допомоги

le fauteuil roulant
інвалідний візок

la fracture
перелом

le médecin
лікар

le service des urgences
відділення швидкої
медичної допомоги

l'infirmière
медсестра

l'urgence
аварійний випадок

inconscient
непритомний

la douleur
біль

la blessure

травма

l'hémorragie

кровотеча

la crise cardiaque

інфаркт

l'attaque cérébrale

інсульт

l'allergie

алергія

la toux

кашель

la fièvre

лихоманка

la grippe

грип

la diarrhée

пронос

le mal de tête

головна біль

le cancer

рак

le diabète

діабет

le chirurgien

хірург

le scalpel

скальпель

l'opération

операція

le CT

КТ

la radiographie

рентген

l'échographie

ультразвук

le masque

маска

la maladie

хвороба

la salle d'attente

зал очікування

la béquille

милиця

le pansement

пластир

le pansement

пов'язка

l'injection

ін'єкція

le stéthoscope

стетоскоп

le brancard

ноші

le thermomètre

термометр

l'accouchement

народження

le surpoids

надмірна вага

l'appareil auditif

слуховий апарат

le désinfectant

дезінфікуючий засіб

l'infection

інфекція

le virus

вірус

le VIH / le sida

ВІЛ / СНІД

le médicament

медицина

la vaccination

вакцинація

les tablettes

таблетки

la pilule

протизаплідна пігулка

l'appel d'urgence

екстрений виклик

le tensiomètre

тонометр

malade / sain

хворий / здоровий

l'hôpital - лікарня

Au secours!

Допоможіть!

l'alarme

сигнал тривоги

l'agression

напад

l'attaque

атака

le danger

небезпека

la sortie de secours

аварійний вихід

Au feu!

Вогонь!

l'extincteur

вогнегасник

l'accident

аварія

la trousse de premier
secours

аптечка

SOS

СОС

la police

поліція

l'Europe

Європа

l'Amérique du Nord

Північна Америка

l'Amérique du Sud

Південна Америка

l'Afrique

Африка

l'Asie

Азія

l'Australie

Австралія

l'Océan atlantique

Атлантика

l'Océan pacifique

Тихий океан

l'Océan indien

Індійський океан

l'Océan antarctique

Антарктичний океан

l'Océan arctique

Північний Льодовитий океан

le Pôle nord

Північний полюс

le Pôle sud

Південний полюс

l'Antarctique

Антарктика

la terre

Земля

le pays

суша

la mer

море

l'île

острів

la nation

нація

l'état

держава

le cadran

циферблат

l'aiguille des heures

годинникова стрілка

l'aiguille des minutes

хвилинна стрілка

l'aiguille des secondes

секундна стрілка

Quelle heure est-il?

Котра година?

le jour

день

le temps

час

maintenant

зараз

la montre digitale

цифровий годинник

la minute

хвилина

l'heure

година

lundi
Понеділок

mercredi
Середа

vendredi
П'ятниця

mardi
Вівторок

samedi
Субота

jeudi
Четвер

dimanche
Неділя

hier

вчора

aujourd'hui

сьогодні

demain

завтра

le matin

ранок

le midi

опівдні

le soir

вечір

les jours ouvrables

робочі дні

le week-end

кінець робочого тижня

la pluie
дощ

l'arc-en-ciel
веселка

le vent
вітер

la neige
сніг

le printemps
весна

l'automne
осінь

l'été
літо

l'hiver
зима

la météo

прогноз погоди

le thermomètre

термометр

la lumière du soleil

сонячне світло

le nuage

хмара

le brouillard

туман

l'humidité

вологість повітря

la foudre

блискавка

le tonnerre

грім

la tempête

шторм

la grêle

град

la mousson

мусон

l'inondation

повінь

la glace

лід

janvier

Січень

février

Лютий

mars

Березень

avril

Квітень

mai

Травень

juin

Червень

juillet

Липень

août

Серпень

septembre

Вересень

octobre

Жовтень

novembre

Листопад

décembre

Грудень

les formes
форми

le cercle

круг

le carré

квадрат

le rectangle

прямокутник

le triangle

трикутник

la sphère

куля

le cube

куб

les couleurs

фарби

blanc
....
білий

jaune
....
жовтий

orange
....
помаранчевий

rose
....
рожевий

rouge
....
червоний

violet
....
фіолетовий

bleu
....
синій

vert
....
зелений

marron
....
коричневий

gris
....
сірий

noir
....
чорний

beaucoup / peu

багато / мало

fâché / calme

лютий / мирний

joli / laid

гарний / бридкий

le début / la fin

початок / кінець

grand / petit

великий / малий

clair / obscure

світлий / темний

le frère / la sœur

брат / сестра

propre / sale

чистий / брудний

complet / incomplet

завершений /
незавершений

le jour / la nuit

день / ніч

mort / vivant

мертвий / живий

large / étroit

широкий / вузький

comestible / incomestible

їстівний / неїстівний

méchant / gentil

злий / дружній

excité / ennuyé

збуджений / нудьгуючий

gros / mince

товстий / тонкий

le premier / le dernier

спочатку / востаннє

l'ami / l'ennemi

друг / ворог

plein / vide

повний / порожній

dur / souple

жорсткий / м'який

lourd / léger

важкий / легкий

faim / soif

голод / спрага

malade / sain

хворий / здоровий

illégal / légal

незаконний / законний

intelligent / stupide

розумний / дурний

gauche / droite

вліво / вправо

proche / loin

поруч / далеко

nouveau / usé

новий / використаний

rien / quelque chose

нічого / щось

vieux / jeune

старий / молодий

marche / arrêt

вкл / викл

ouvert / fermé

відкрито / закрито

faible / fort

тихо / гучно

riche / pauvre

багатий / бідний

correct / incorrect

правильно / неправильно

rugueux / lisse

шорсткий / гладкий

triste / heureux

сумний / щасливий

court / long

короткий / довгий

lent / rapide

повільно / швидко

mouillé / sec

вологий / сухий

chaud / froid

гарячий / холодний

la guerre / la paix

війна / мир

0

zéro

нуль

1

un

один

2

deux

два

3

trois

три

4

quatre

чотири

5

cinq

п'ять

6

six

шість

7

sept

сім

8

huit

вісім

9

neuf

дев'ять

10

dix

десять

11

onze

одинадцять

12
douze

дванадцять

13
treize

тринадцять

14
quatorze

чотирнадцять

15
quinze

п'ятнадцять

16
seize

шістнадцять

17
dix-sept

сімнадцять

18
dix-huit

вісімнадцять

19
dix-neuf

дев'ятнадцять

20
vingt

двадцять

100
cent

сто

1.000
mille

тисяча

1.000.000
le million

мільйон

les nombres - числа

l'anglais

англійська

l'anglais américain

американська англійська

le chinois mandarin

китайська
високочиновницька

le hindi

хінді

l'espagnol

іспанська

le français

французька

l'arabe

арабська

le russe

російська

le portugais

португальська

le bengali

бенгальська

l'allemand

німецька

le japonais

японська

je

я

tu

ти

il / elle

він / вона / воно

nous

ми

vous

ви

ils / elles

вони

qui?

хто?

quoi?

що?

comment?

як?

où?

де?

quand?

коли?

le nom

ім'я

derrière

ззаду

dans

в

devant

перед

au-dessus

над

sur

на

en-dessous

під

à côté de

біля

entre

між

le lieu

місце